COMITÉ CENTRAL	CHAMBRE SYNDICALE
DES	DES
HOUILLÈRES DE FRANCE	MINES MÉTALLIQUES

Législation Minière

des Colonies Françaises et Pays de Protectorat

Afrique Continentale

(Algérie et Tunisie exceptées)

Afrique Occidentale Française
Congo Français
Côte Française des Somalis

PARIS

55, Rue de   ÉMILE LAROSE
CHATEAUDUN   11, Rue Victor-Cousin

1909

PRINCIPAUX OUVRAGES

SUR

LA LÉGISLATION DES MINES

EN FRANCE ET A L'ÉTRANGER

PUBLIÉS

PAR LE COMITÉ CENTRAL DES HOUILLÈRES DE FRANCE

COMITÉ CENTRAL	CHAMBRE SYNDICALE FRANÇAISE
DES	DES
HOUILLÈRES DE FRANCE	MINES MÉTALLIQUES

Législation Minière
des Colonies Françaises et Pays de Protectorat

Afrique Continentale

(Algérie et Tunisie exceptées)

Afrique Occidentale Française
Congo Français
Côte Française des Somalis

PARIS

55, Rue de
CHATEAUDUN

ÉMILE LAROSE
11, Rue Victor-Cousin

1909

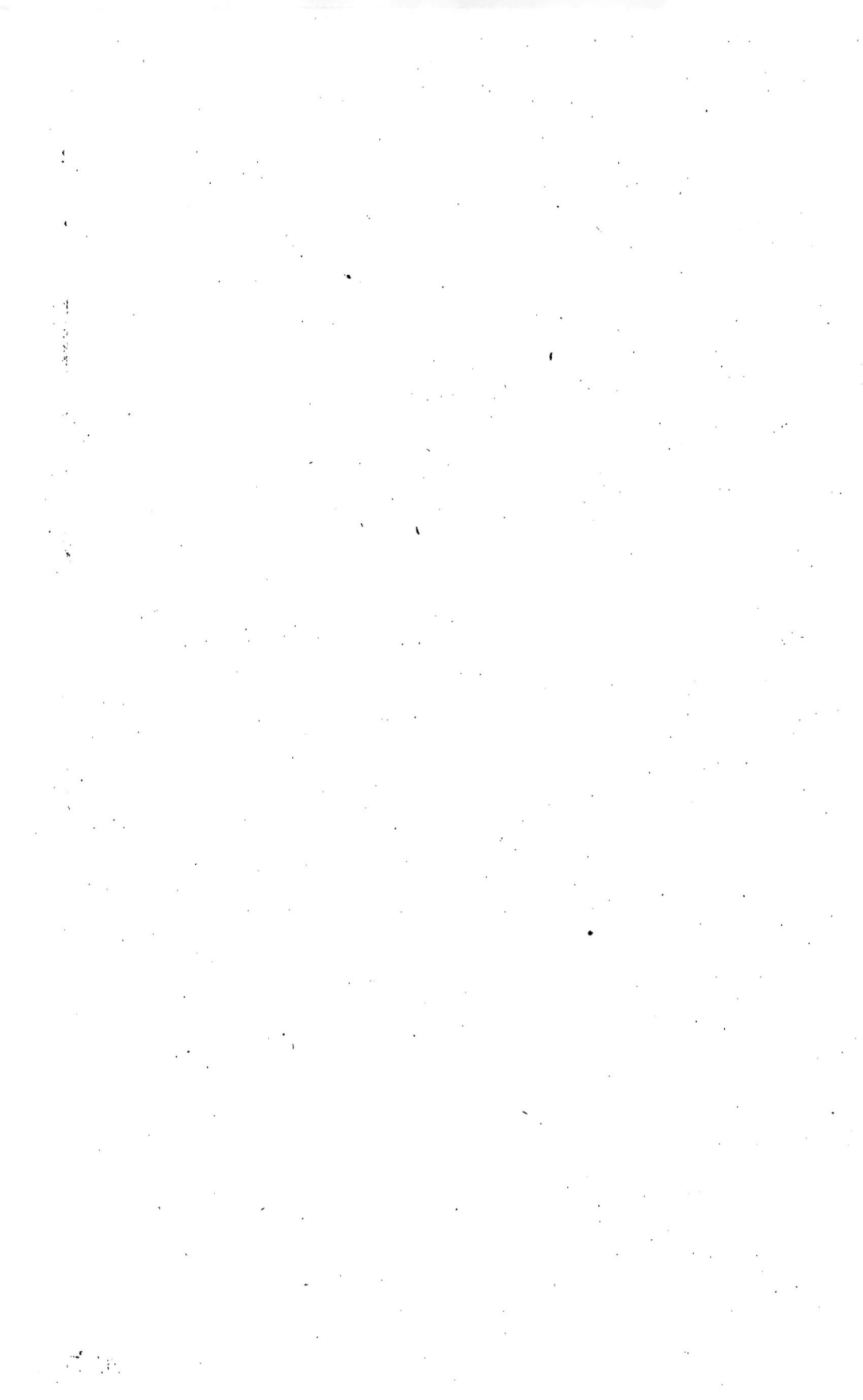

DÉCRET DU 6 JUILLET 1899

portant réglementation sur la recherche et l'exploitation des mines dans les colonies ou pays de protectorat de l'Afrique continentale, autres que l'Algérie et la Tunisie, modifié par le décret du 19 mars 1905.

A. — RAPPORT AU PRÉSIDENT DE LA RÉPUBLIQUE FRANÇAISE.

MONSIEUR LE PRÉSIDENT,

L'industrie minière semble devoir prendre, dans les colonies et les pays de protectorat de l'Afrique continentale, une importance dont il convient de favoriser le mouvement croissant.

Des explorateurs ont formulé des demandes de concession tendant à faire établir par des contrats particuliers les droits résultant de leurs prospections et de leurs découvertes, en l'absence de réglementation minière dans certaines de ces contrées.

D'autre part, les règlements en vigueur au Sénégal, au Soudan et en Guinée ont permis de constater, au cours des applications qui en ont été faites, qu'ils laissaient prise à certaines difficultés entre les prospecteurs et les indigènes se livrant à l'exploitation d'alluvions aurifères.

Il m'a paru opportun de fixer dès maintenant les dispositions de nature à établir les droits qui pourraient être conférés aux explorateurs disposés à entreprendre la reconnaissance des gisements miniers dans les régions nouvelles, de modifier les règlements anciens en apportant plus de précision dans les textes de façon à en rendre l'interprétation plus facile, aussi bien à ceux qui doivent en bénéficier qu'aux agents chargés de les appliquer et d'utiliser enfin à cette occasion la législation minière dans les colonies et les pays de protectorat de l'Afrique continentale, où la recherche et l'exploitation des mines sont appelées à se développer parallèlement et dans des conditions à peu près identiques.

C'est dans ce sens que le Comité des travaux publics, maintenant les principes essentiels de la législation antérieure, a élaboré un projet de décret dont les dispositions seraient applicables à toutes nos colonies et pays de protectorat de l'Afrique continentale autres que l'Algérie et la Tunisie.

Ce décret réserve en outre aux explorateurs, dans la forme la plus simple et la plus rapide, le bénéfice de leurs découvertes dans les régions neuves mal définies, dites « régions d'explorations », qu'ils contribuent à faire connaître.

J'ai, en conséquence, l'honneur de vous proposer de revêtir ce projet de votre haute approbation.

Je vous prie d'agréer, Monsieur le Président, l'hommage de mon profond respect.

Le Ministre des Colonies,

Signé : ALBERT DECRAIS.

B. — DÉCRET *portant réglementation sur la recherche et l'exploitation des mines dans les colonies ou pays de protectorat de l'Afrique continentale, autres que l'Algérie et la Tunisie.*

(6 juillet 1899).

LE PRÉSIDENT DE LA RÉPUBLIQUE FRANÇAISE,

Vu l'article 18 du sénatus-consulte du 3 mai 1854;

Vu les décrets des 11 mai 1892 et 25 septembre 1896, relatifs à l'organisation administrative et judiciaire de la Guinée française;

Vu le décret du 4 septembre 1894, portant organisation du service judiciaire dans le protectorat de la Côte des Somalis;

Vu le décret du 14 août 1896, portant réglementation sur la recherche et l'exploitation des mines au Sénégal et au Soudan français;

Vu le décret du 11 décembre 1897, portant réglementation sur la recherche et l'exploitation des mines à la Guinée française;

Vu l'avis du Comité des travaux publics;

Sur le rapport du Ministre des Colonies,

DÉCRÈTE :

ARTICLE PREMIER.

L'exploration, la recherche et l'exploitation des gîtes naturels de substances minérales dans les colonies et les pays de protectorat de l'Afrique continentale, autres que l'Algérie et la Tunisie, sont soumises aux dispositions du présent décret.

TITRE PREMIER

Dispositions générales.

ART. 2.

Les gîtes naturels de substances minérales sont classés relativement à leur régime légal en mines et carrières.

ART. 3.

Sont considérés comme carrières les matériaux de construction et les amendements pour la culture des terres, à l'exception des nitrates et sels associés ainsi que des phosphates.

Les carrières sont réputées ne pas être séparées de la propriété et de l'exploitation de la surface : elles en suivent les conditions. Il en est de même des tourbières.

ART. 4.

Sont considérés comme mines les gîtes de toutes substances minérales susceptibles d'une utilisation industrielle qui ne sont pas classées dans les carrières.

ART. 5.

En cas de contestation sur le classement légal d'une substance minérale, il est statué par le Ministre des Colonies après avis du Comité des travaux publics.

ART. 6.

On peut acquérir sur les mines, dans un périmètre déterminé, sous les conditions stipulées au présent décret, un droit exclusif d'explorer, de rechercher ou d'exploiter.

Les droits d'exploration et de recherche s'appliquent dans un même périmètre à toutes les mines qui peuvent s'y trouver.

Le droit d'exploitation s'acquiert distinctement soit pour l'or et les gemmes, soit pour toutes les autres substances. Toutefois, des permis différents de l'une et l'autre catégorie ne peuvent se superposer dans un même périmètre qu'en faveur de la même personne ou société. Mais, dans ce cas de superposition, les droits et obligations restent distincts par permis.

Art. 7.

Dans les régions ouvertes à l'exploitation en vertu d'arrêtés du gouverneur pris en conseil d'administration ou en conseil privé, il ne peut être acquis que des droits de recherche ou d'exploitation en vertu des titres III et IV ci-après.

Dans les autres régions, il ne peut être procédé qu'à des explorations en conformité du titre II.

Art. 8.

Nulle personne, nulle société, ne peut entreprendre ou poursuivre en son nom des explorations, des recherches ou une exploitation sans être munie d'une autorisation personnelle délivrée par le gouverneur.

L'autorisation prévue au présent article ne peut être accordée à aucun fonctionnaire en activité de service dans la colonie.

Toute personne ou toute société qui s'est fait délivrer l'autorisation prévue au présent article doit faire connaître le domicile par elle élu dans la colonie, auquel lui seront faites, par l'administration, toutes les notifications nécessaires à l'application du présent règlement. Ce domicile sera rappelé sur l'autorisation.

Toute demande de permis d'exploration, de recherche ou d'exploitation, doit rappeler le numéro et la date de l'autorisation dont le demandeur est titulaire en vertu du présent article.

(Décret du 19 mars 1905). *L'autorisation personnelle peut être retirée par arrêté du gouverneur ou du lieutenant-gouverneur pris en conseil d'administration, mais sans que ce retrait d'autorisation puisse avoir un effet rétroactif.*

Art. 9.

Les indigènes conservent leur droit coutumier d'exploiter les gîtes superficiels d'or et de sel jusqu'à la profondeur à laquelle ils peuvent atteindre suivant les conditions de chaque gisement avec leurs procédés actuels.

Nul permis d'exploration, de recherche ou d'exploitation ne peut donner droit d'entraver ces travaux.

Toutefois des puits peuvent être foncés à travers ces gisements superficiels pour l'exploration, la recherche ou l'exploitation des gisements profonds après entente avec les exploitants indigènes, ou, à défaut d'entente, moyennant une autorisation de l'administration et le payement d'une indemnité en faveur des ayants droit, égale au double de la valeur du préjudice causé.

En cas de contestation sur la nature, l'étendue et l'exercice des droits appartenant aux indigènes en vertu du présent article, il est statué par le commandant ou l'administrateur du cercle ou de la circonscription, sauf appel dans le délai de six mois devant le tribunal de première instance ou la justice de paix à compétence étendue de la région.

ART. 10.

Nul permis d'exploration, de recherche ou d'exploitation ne donne le droit de faire des fouilles à moins de 10 mètres de chaque côté des routes et chemins sans une autorisation spéciale de l'administration, ni dans une zone de 50 mètres autour des villages et groupes d'habitations, des puits et des lieux de sépultures.

ART. 11.

Le permis d'exploration, de recherche ou d'exploitation donne le droit d'occuper librement dans l'intérieur du périmètre correspondant les terrains domaniaux nécessaires aux travaux, lorsque ces terrains ne se trouvent pas compris dans le périmètre d'une concession de jouissance temporaire.

Dans ce dernier cas, comme dans le cas des terrains de propriété privée ou de terrains mis en culture, l'occupation des terrains nécessaires aux travaux d'exploration, de recherche ou d'exploitation ne peut avoir lieu, à défaut de consentement du concessionnaire, du propriétaire ou du possesseur desdits terrains, que par une autorisation de l'administrateur du cercle ou de la circonscription, et à charge d'une préalable indemnité ; l'autorisation fixe les limites du périmètre à occuper ; l'indemnité sera réglée comme il est dit à l'article suivant.

Le permissionnaire peut occuper, en dehors de son périmètre, dans les conditions du présent article, les terrains destinés à l'établissement des pistes, sentiers ou chemins nécessaires pour aborder son périmètre ou en sortir les produits.

ART. 12.

Tout dommage causé à une propriété immobilière privée ou à

des champs en culture par des travaux d'exploration, de recherche ou d'exploitation donne lieu, de la part de celui qui a exécuté les travaux en faveur de celui qui a subi le préjudice, à une indemnité d'une valeur double dudit préjudice.

L'action en indemnité est portée devant l'administrateur du cercle ou de la circonscription qui en connaît en dernier ressort si la valeur du litige ne dépasse pas 150 francs, et au delà à charge d'appel dans les six mois devant le tribunal de première instance ou la justice de paix à compétence étendue de la région.

TITRE II
Des explorations dans les régions non ouvertes à l'exploitation.

ART. 13.

Des explorations ne peuvent avoir lieu en régions non ouvertes à l'exploitation que moyennant un permis spécial, délivré par le gouverneur, sur la demande qui doit en être présentée par l'intéressé.

ART. 14.

La demande fait connaître, avec croquis ou carte à l'appui, les limites et l'étendue de la région sollicitée.

Elle n'est recevable que si elle est accompagnée du versement d'une somme de cinq centimes (0,05) par hectare de ladite étendue.

ART. 15.

Il est statué par le gouverneur qui juge des motifs ou considérations devant faire donner la préférence à l'un quelconque des concurrents.

Si le permis doit être accordé sur plus de 50.000 hectares, l'octroi doit en être soumis à l'approbation du Ministre des Colonies.

Si la demande n'est que partiellement accueillie, le montant des droits versés en trop est immédiatement remboursé au demandeur.

ART. 16.

Le permis d'exploration donne le droit d'effectuer tous travaux de fouilles, de sondages et de reconnaissance de toutes mines dans l'étendue de la région à laquelle il s'applique.

Le permissionnaire ne peut disposer du produit de ses recherches qu'avec une autorisation spéciale du gouverneur.

Le permis d'exploration est valable pour deux ans; il ne peut être prorogé.

Le permis ne peut être cédé.

Il confère au permissionnaire un droit de préférence à tous autres pour l'obtention, dans l'étendue de son permis d'exploration, des permis de recherche ou d'exploitation prévus aux titres III et IV, sous les conditions stipulées par ces mêmes titres.

Le permissionnaire doit, avant l'expiration de son permis, et sous peine de déchéance des droits de préférence à lui conférés, faire connaître, avec carte ou croquis à l'appui, les résultats détaillés de ses recherches et produire les demandes de permis de recherches ou d'exploitation dont il entend bénéficier.

ART. 17.

La délivrance de ces nouveaux permis par le gouverneur doit avoir lieu dans le délai de six mois; les portions de territoire dans lesquelles sont compris les périmètres définis par ces permis sont, par le fait même de cette délivrance, considérées comme ouvertes à l'exploitation, sans préjudice de la décision à prendre ultérieurement, le cas échéant, pour le reste de la région d'exploration.

TITRE III

Des permis de recherche.

ART. 18.

Les recherches ne peuvent avoir lieu qu'en vertu d'un permis délivré par le gouverneur à la priorité de la demande.

Toutefois, dans les douze mois de l'ouverture de la région à l'exploitation publique, l'administration peut donner la préférence au demandeur qui justifierait avoir le plus contribué par ses indications à la connaissance des mines dans la région, sans préjudice des droits reconnus à l'explorateur permissionné en vertu du titre précédent.

ART. 19.

Le permis donne le droit exclusif de faire, dans tous les terrains non grevés de droits antérieurs de recherche ou d'exploitation, tous travaux de fouilles, de sondages et de reconnaissance dans l'étendue d'un cercle de 5 kilomètres de rayon au plus, tracé d'un centre qui doit être rattaché à un point géographique défini d'une façon précise, tant dans la demande que dans le croquis qui doit lui être joint. Ce centre devra être et rester signalé matériellement à la surface dès que la demande aura été présentée et après que le permis aura été accordé.

Art. 20.

Avec sa demande en permis de recherche, l'intéressé doit déposer une somme calculée à raison de :

10 centimes par hectare jusqu'à 1.000 hectares ;
20 centimes par hectare au-dessus jusqu'à 5.000 hectares ;
40 centimes par hectare au-dessus.

Art. 21.

La demande de permis de recherche est inscrite sur un registre spécial, avec indication de la date et de l'heure auxquelles elle a été déposée ; il en est délivré récépissé. Elle est immédiatement affichée par les soins de l'administration à la porte de ses bureaux. Les oppositions seront reçues aux bureaux de la colonie dans les trois mois à partir de l'affichage ; elles sont notifiées au demandeur par les soins de l'administration.

A l'expiration de ce délai, si aucune opposition n'est survenue, le permis est délivré par le gouverneur ; il est inscrit sur un registre spécial.

En cas d'opposition, il est statué par le conseil du contentieux administratif ; l'opposant dont la réclamation a été reconnue fondée doit, dans les trois mois de la décision, à peine de déchéance, introduire une demande régulière. Les sommes versées par le demandeur dont la demande est rejetée lui sont restituées.

Art. 22.

S'il est établi qu'un cercle de recherche empiète sur un cercle dont les droits sont antérieurs ou sur un rectangle d'exploitation antérieurement établi, les droits du permissionnaire seront réduits à la partie de son cercle qui ne préjudicie à aucun droit antérieur, et le surplus de la taxe qu'il a versé sera restitué à l'intéressé.

Art. 23.

Le permis de recherche est valable pour deux ans. Il peut être

renouvelé une seule fois à la demande de l'intéressé, pour une nouvelle période de deux ans, à charge de payer au préalable une
somme double de celle calculée comme il est dit aux articles 20 et 22.

Art. 24.

Tout détenteur d'un permis de recherche peut disposer du produit de ses fouilles, sous la condition d'en faire la déclaration à
l'administration et de se conformer aux articles 37 et 38.

Art. 25 (1).

Le permis de recherche peut être cédé à toute personne ou société munie de l'autorisation prévue par l'article 8 ci-dessus.

(Décret du 19 mars 1905). *La demande de mutation est adressée au gouverneur. La mutation est soumise à un droit propor-
tionnel à la surface du périmètre, sans que ce droit puisse dépasser 0 fr. 10 par hectare. Elle n'a d'effet que du jour de sa tran-
scription sur les registres du Service des mines.*

Art. 26.

Le détenteur d'un permis de recherche non périmé a le droit
d'obtenir, de préférence à tous autres, un permis d'exploitation dont
le périmètre doit être compris dans son cercle de recherche.

Ce permis sera demandé et obtenu comme il est dit au titre suivant. Dès qu'il est accordé, le permis de recherche correspondant
cesse d'être valable.

Art. 27 (2).

(Décret du 19 mars 1905). *Une même personne ou une même
société ne peut obtenir simultanément deux périmètres de recherche dont les centres seraient à une distance moindre que le
double de la somme des rayons des périmètres sans qu'aucun
rayon de périmètre puisse être inférieur à 500 mètres.*

---

(1)   *Ancien article 25 (2ᵉ §) du décret du 6 juillet 1899.*

La cession donnera lieu à un droit d'enregistrement qui ne pourra dépasser 5 0/0 du
prix de la cession et qui sera perçu conformément aux règles en vigueur dans la
colonie.

(2)   *Ancien article 27 du décret du 6 juillet 1899.*

Une même personne ou une même société ne peut détenir simultanément deux
périmètres de recherche dont les centres seraient à moins de 20 kilomètres l'un de
l'autre

*A toute époque, le titulaire d'un permis de recherche peut re-
noncer à ce permis dans les conditions fixées par l'article 40 pour
les permis d'exploitation.*

TITRE IV

Des permis d'exploitation.

ART. 28.

L'exploitation des mines ne peut avoir lieu qu'en vertu d'un
permis délivré par le gouverneur à la priorité de la demande, suivant les formalités définies à l'article 21 et avec les droits de préférence mentionnés à l'article 18 pour l'octroi des permis de recherche, et sous la réserve du droit rappelé à l'article 26 pour le détenteur d'un permis de recherche non périmé.

Aucun permis d'exploitation ne peut prévaloir contre un permis
de recherche ou d'exploitation antérieurement octroyé ; le permis
d'exploitation postérieur serait au besoin réduit de la partie par
laquelle il empiéterait sur des permis antérieurs.

ART. 29.

Le permis d'exploitation donne le droit de faire, au fond et au
jour, tous travaux et tous établissements nécessaires à l'exploitation de la mine et au traitement de ses produits dans un périmètre
de forme rectangulaire d'une étendue de 24 hectares au moins et
de 800 hectares au plus pour l'or et les gemmes, et de 2.500 hectares pour toutes autres substances, le petit côté du rectangle n'é-
tant pas inférieur au quart du grand.

ART. 30.

A la demande en permis d'exploitation doit être joint un croquis
indiquant l'orientation et la position du périmètre demandé par
rapport à un point géographique défini d'une façon précise.

ART. 31.

La demande, pour être recevable, doit être accompagnée du
versement d'une somme calculée à raison de 2 francs par hectare
de terrains compris dans le périmètre pour les permis d'or et de

gemmes, et de 1 franc pour les permis de toutes autres sub-
tances.

Si la demande n'est pas accueillie ou n'est accueillie que partiellement, la somme versée ou la fraction versée en trop est rem-
boursée au demandeur.

ART. 32.

Le gouverneur, statuant en conseil d'administration ou en conseil privé, peut refuser un permis d'exploitation qui lui serait demandé en vertu de l'article 28, à une personne ou à une société
qui en détiendrait déjà un à une distance de moins de 5 kilomètres.

ART. 33 (1).

Le permis d'exploitation est accordé pour vingt-cinq ans. Il
peut être renouvelé dans les mêmes formes et pour la même durée,
à condition que la demande en soit faite avant l'expiration du délai de vingt-cinq ans.

Il peut être cédé à toute personne ou société munie de l'autorisation prévue par l'article 8 ci-dessus.

(Décret du 19 mars 1905). *La demande de mutation est adressée
au gouverneur. La mutation est soumise à un droit proportion-
nel à la surface du périmètre, sans que ce droit puisse dépasser
0 fr. 50 par hectare; elle n'a d'effet que du jour de sa transcrip-
tion sur le registre du Service des mines.*

ART. 34.

Dans les six mois de l'institution, le périmètre doit être aborné;
un plan du bornage est déposé par les soins du permissionnaire aux
bureaux de l'administration.

ART. 35.

Les terrains qui resteraient disponibles entre permis voisins
avec des formes et des étendues telles qu'on n'y puisse établir des
périmètres de la forme prévue à l'article 29 seront annexés aux
périmètres voisins. A défaut par leurs détenteurs de s'entendre

---

(1) *Ancien article 33 (3e §) du décret du 6 juillet 1899.*

Il sera dû pour la cession un droit d'enregistrement qui ne pourra dépasser
5 0/0 du prix de la cession et qui sera perçu conformément aux règles en vigueur dans
la colonie.

entre eux à cet effet, ils seront attribués par voie d'adjudication, suivant lotissement fait par l'administration, pour la durée qu'elle fixera, le prix revenant au Trésor.

ART. 36.

A partir de la troisième année qui suivra l'institution, le permissionnaire doit payer par année et par avance une taxe de 1 franc par hectare compris dans son périmètre pour l'exploitation de l'or et des gemmes et de 50 centimes pour l'exploitation de toutes autres substances.

ART. 37.

Tout permissionnaire tient sur place un registre d'extraction et un registre de vente ou d'expédition dressés dans les formes qu'indiquera un arrêté du gouverneur.

Aucune expédition d'or ou de gemmes ne pourra être faite par un permissionnaire d'exploitation de ces substances, sans être accompagnée d'un laissez-passer détaché d'un registre à souche tenu par ledit permissionnaire. Ce laissez-passer indique les noms de l'expéditeur, du destinataire et du transporteur, la date de l'expédition, l'itinéraire qui doit être suivi, la nature et le poids de la substance expédiée.

Les registres mentionnés au présent article seront communiqués à toute réquisition des représentants de l'administration et visés par eux.

ART. 38.

Il est dû sur la valeur au lieu d'extraction des minerais extraits un droit qui ne peut excéder 5 0/0. Le taux en est déterminé chaque année suivant la nature des substances par le conseil général pour la colonie du Sénégal et par le gouverneur en conseil d'administration pour les autres colonies.

Aucun autre droit de circulation ou de sortie ne peut être prélevé sur les substances minérales.

ART. 39.

A défaut de paiement dans les six mois de l'échéance, après mise en demeure, de l'une ou l'autre des redevances stipulées aux articles 36 et 38, le gouverneur en conseil d'administration ou en conseil privé prononce la déchéance du permissionnaire.

Jusqu'à ce que la déchéance soit prononcée, le permissionnaire peut en arrêter les effets en versant, outre les taxes arriérées, une amende égale à 20 p. 100 du montant de ces taxes.

Le permissionnaire déchu ne peut, avant l'adjudication, enlever aucun des appareils ou machines servant à l'exploitation.

ART. 40.

A toute époque, le permissionnaire peut demander à renoncer à son permis.

La renonciation est acceptée, s'il y a lieu, comme en matière d'octroi de permis.

L'autorisation de renonciation indique, s'il y échet, les mesures que doit remplir le permissionnaire pour assurer la sécurité de la surface.

ART. 41.

Les périmètres pour lesquels la permission est expirée, sans que le renouvellement en ait été demandé, ceux pour lesquels la renonciation du permissionnaire a été acceptée, et ceux pour lesquels la déchéance a été prononcée sont mis en adjudication dans l'année par les soins de l'administration.

Sont admises à l'adjudication les personnes ou sociétés munies de l'autorisation prévue à l'article 8, à l'exception du permissionnaire déchu.

L'adjudication est annoncée six mois à l'avance par une affiche apposée aux bureaux de l'administration de la colonie.

Elle porte sur une somme à verser immédiatement, qui, en aucun cas, ne peut être inférieure au montant de celles dues au Trésor, ni à une somme calculée à raison de 2 francs par hectare pour les permis d'or et de gemmes, et de 1 franc par hectare pour toutes les autres substances.

En cas de déchéance, le produit de l'adjudication est versé au permissionnaire déchu, déduction faite des sommes dues au Trésor.

L'adjudicataire est purement et simplement substitué aux droits et obligations du précédent exploitant, tels qu'ils résultent du présent décret. En cas de permis adjugé après une durée de vint-cinq ans, l'adjudicataire reçoit le permis pour une nouvelle période de vingt-cinq ans.

Si l'adjudication n'a pas donné de résultat, les terrains deviennent libres et disponibles, comme si aucun permis n'avait été institué. L'administration doit faire retirer les bornes qui signalaient le périmètre, et le dernier permissionnaire peut faire enlever les machines et appareils et tous autres objets dont l'enlèvement ne peut nuire à la sécurité, sauf le droit de l'administration de les retenir jusqu'à concurrence des sommes qui lui sont dues.

TITRE V

Des pénalités.

ART. 42.

Les contraventions aux prescriptions du présent décret et aux arrêtés du gouverneur pour son exécution seront constatées et dénoncées comme en matière de police.

ART. 43.

Les procès-verbaux seront dressés par les officiers de police judiciaire, les agents du Service des mines ou par des agents d'autres services commissionnés à cet effet par le gouverneur.

Ces derniers ne pourront exercer ces nouvelles fonctions qu'après avoir prêté serment devant le tribunal de première instance ou le juge de paix à compétence étendue de la région.

ART. 44.

Les procès-verbaux dressés par application de l'article précédent seront transmis au représentant du ministère public près le tribunal de première instance, ou près la justice de paix à compétence étendue de la région.

ART. 45.

Sont punis d'une amende de 250 à 5.000 francs et d'un emprisonnement de six jours à trois mois :

1° Ceux qui se livrent, sans en avoir le droit, à l'exploitation de l'or ou des gemmes ;

2° Ceux qui exportent ou tentent d'exporter des substances classées dans les mines sans qu'elles aient payé les droits.

ART. 46.

Sont punis d'une amende de 100 à 1.000 francs et d'un emprisonnement d'un à cinq jours :

1° Ceux qui se livrent, sans en avoir le droit, à l'exploitation des substances classées dans les mines, autres que l'or et les gemmes ;

2° Ceux qui, y étant obligés, ne tiennent pas d'une façon régulière les registres d'extraction, de vente et d'expédition prévus à l'article 37 et refusent de les communiquer aux agents de l'administration.

3° Ceux qui déplacent de mauvaise foi les signaux ou bornes marquant les permis de recherche ou les permis d'exploitation.

ART. 47.

Toutes autres contraventions au présent décret ou aux arrêtés du gouverneur rendus pour son exécution seront punies d'une amende de 5 à 100 francs et d'un emprisonnement d'un à cinq jours.

ART. 48.

En cas de condamnation pour les faits prévus aux articles 45 et 46, premier paragraphe, la confiscation des substances saisies doit être prononcée.

ART. 49.

L'article 463 du Code pénal est applicable aux contraventions au présent décret.

TITRE VI

ART. 50 (1).

(Décret du 19 mars 1905). *Les travaux d'exploration, de recherche ou d'exploitation sont soumis à la surveillance de l'administration, conformément aux prescriptions d'arrêtés pris par le lieutenant-gouverneur et approuvés par le gouverneur général en ce qui concerne l'Afrique occidentale française, ou par les gouverneurs ou commissaires généraux, en ce qui concerne les autres colonies.*

ART. 51.

Sont abrogés les décrets :

---

(1) *Ancien article 50 du décret du 6 juillet 1899.*

Le gouverneur rend tous les arrêtés nécessaires à la mise en exécution du présent décret.

Du 14 août 1896, portant réglementation sur la recherche et l'exploitation des mines au Sénégal et au Soudan français ;

Du 11 décembre 1897, portant réglementation sur la recherche et l'exploitation des mines à la Guinée française.

Les permis de recherche accordés en vertu de ces décrets et qui ne sont pas périmés resteront en vigueur, avec leurs formes et leurs étendues, pour la durée qu'ils pourraient avoir d'après lesdits décrets.

Les permis d'exploitation accordés en vertu des mêmes décrets sont confirmés, avec l'étendue, les formes et la durée qu'ils ont eues d'après ces décrets. Ils seront soumis à toutes les dispositions du présent décret.

ART. 52.

Le Ministre des Colonies est chargé de l'exécution du présent décret, qui sera publié au *Journal officiel de la République française*, et inséré au *Bulletin des lois* et au *Bulletin officiel du Ministère des Colonies*.

II

DÉCRET DU 4 AOUT 1901

*portant réglementation sur la recherche et l'exploitation de
l'or et des métaux précieux dans le lit des fleuves, rivières
et cours d'eau, dans les colonies et pays de protectorat de
l'Afrique continentale autres que l'Algérie et la Tunisie.*

LE PRÉSIDENT DE LA RÉPUBLIQUE FRANÇAISE,

Vu l'article 18 du sénatus-consulte du 3 mai 1854;

Vu le décret du 6 juillet 1899, portant réglementation sur la
recherche et l'exploitation des mines dans les colonies ou pays de
protectorat de l'Afrique continentale autres que l'Algérie et la
Tunisie;

Vu l'avis du Comité des travaux publics des Colonies;

Sur le rapport du Ministre des Colonies,

DÉCRÈTE :

ARTICLE PREMIER.

La recherche et l'exploitation de l'or et des gemmes par dragage
dans le lit des fleuves et rivières des colonies et pays de protectorat de l'Afrique continentale autres que l'Algérie et la Tunisie sont
soumises aux dispositions du décret du 6 juillet 1899, sous réserve
des dérogations ci-après.

ART. 2.

Par dérogation à l'article 19 du décret du 6 juillet 1899, le périmètre de recherche, d'une étendue de 8.000 hectares au plus,
est constitué, non par un cercle, mais par deux lignes droites
ou polygonales, parallèles à l'axe moyen du cours d'eau, distantes
de cet axe de 100 mètres au moins de chaque côté, et par deux
normales à l'axe du cours d'eau.

Il devra être annexé à la demande de permis de recherche un
croquis indiquant la situation et les limites de ce périmètre, avec

rattachement des quatre sommets extrêmes à des points géographiques définis d'une façon précise. Ces sommets devront être et rester signalés matériellement à la surface, dès que la demande aura été présentée et après que le permis aura été accordé.

L'intéressé devra indiquer avec détail, dans sa demande, la méthode de recherche qu'il se propose de faire suivre.

Le permis portera mention des conditions imposées par le gouverneur, et auxquelles le permissionnaire sera tenu de se soumettre en ce qui concerne tant la méthode de recherche autorisée que les obligations jugées nécessaires pour assurer la libre navigation et la conservation du chenal.

Art. 3.

Par dérogation à l'article 27 du décret du 6 juillet 1899, une même personne ou une même société peut détenir simultanément des périmètres de recherche contigus.

Art. 4.

Par dérogation à l'article 29 du décret du 6 juillet 1899, le périmètre d'exploitation, d'une étendue de 24 hectares au moins et de 800 hectares au plus est constitué par deux lignes, droites ou polygonales, parallèles à l'axe moyen du cours d'eau, distantes de cet axe de 100 mètres au moins de chaque côté, et par deux normales à cet axe, sans obligation d'un rapport minimum entre la largeur et la longueur du périmètre.

Art. 5.

Il devra être annexé à la demande en permis d'exploitation un croquis indiquant la situation et les limites de ce périmètre, avec rattachement des quatre sommets extrêmes à des points géographiques définis d'une façon précise.

L'intéressé devra faire connaître avec détail, dans sa demande, la méthode d'exploitation qu'il se propose de suivre et le projet des travaux qu'il se propose d'exécuter.

Le permis portera mention des conditions imposées par le gouverneur, et auxquelles le permissionnaire sera tenu de se soumettre en ce qui concerne tant la méthode d'exploitation à suivre et les travaux à exécuter, que les obligations jugées nécessaires pour assurer la libre navigation et la conservation du chenal.

Art. 6.

Les dispositions de l'article 32 du décret du 6 juillet 1899 ne s'appliquent pas aux exploitations par dragage.

Art. 7.

Le Ministre des Colonies est chargé de l'exécution du présent décret, qui sera publié au *Journal officiel de la République française* et inséré au *Bulletin des lois* et au *Bulletin officiel du Ministère des Colonies.*

III

DÉCRET DU 19 MARS 1905

relatif à l'application dans la colonie de la Côte-d'Ivoire, du décret du 6 juillet 1899, réglementant la recherche et l'exploitation des mines dans les colonies et pays de protectorat de l'Afrique continentale autres que l'Algérie et la Tunisie.

LE PRÉSIDENT DE LA RÉPUBLIQUE FRANÇAISE,

Vu l'article 18 du sénatus-consulte du 3 mai 1854 ;

Vu le décret du 6 juillet 1899, portant réglementation sur la recherche et l'exploitation des mines dans les colonies et pays de protectorat de l'Afrique continentale autres que l'Algérie et la Tunisie ;

Vu le décret du 19 mars 1905, modifiant celui du 6 juillet 1899 ;

Sur l'avis du Comité des travaux publics des Colonies ;

Sur le rapport du Ministre des Colonies,

DÉCRÈTE :

ARTICLE PREMIER.

Par dérogation aux dispositions de l'article 7, § 1er, du décret du 6 juillet 1899, il pourra, jusqu'au 1er octobre 1908 être délivré des permis d'exploration de mines aux conditions du titre II dudit décret, modifié par le décret du 19 mars 1905, dans la partie de la Colonie de la Côte-d'Ivoire comprise entre la rivière Comoé, la frontière orientale de la colonie et le parallèle de 9 degrés, nonobstant l'ouverture à l'exploitation prononcée pour cette région par arrêté du gouverneur en date du 15 février 1901.

Cette disposition ne fera pas obstacle à ce qu'il soit également délivré des permis de recherche ou d'exploitation dans la même région.

ART. 2.

Jusqu'à l'expiration du même délai, les dispositions de l'article 27 du décret du 6 juillet 1899, modifié par le décret du 19 mars

1905, cesseront d'être applicables aux permis de recherche délivrés dans la partie de la colonie de la Côte-d'Ivoire définie à l'article 1ᵉʳ ci-dessus et seront remplacées par les dispositions suivantes :

Une même personne ou une même société pourra détenir simultanément deux ou plusieurs permis de recherche sous la seule condition que la surface totale des périmètres correspondants à ces permis ajoutée à celle des permis d'exploration qu'elle pourra obtenir par l'application de l'article 1ᵉʳ ci-dessus, soit inférieure à 50.000 hectares.

ART. 3.

Par dérogation aux dispositions de l'article 23 du décret du 6 juillet 1899, les permis de recherche délivrés antérieurement au 1ᵉʳ octobre 1904 dans la région définie à l'article 1ᵉʳ ci-dessus pourront être renouvelés une seconde fois à la demande des intéressés pour une troisième période de deux ans, à la charge de payer au préalable une somme égale à la taxe afférente à la seconde période de validité.

ART. 4.

Le Ministre des Colonies est chargé de l'exécution du présent décret, qui sera publié au *Journal officiel de la République française* et inséré au *Bulletin des lois* et au *Bulletin officiel du Ministère des Colonies.*

IV

CIRCULAIRE DU 1er AVRIL 1902

relative à l'application des décrets des 6 juillet 1899 et 4 août 1901 portant réglementation sur la recherche ou l'exploitation des mines de l'Afrique continentale.

LE MINISTRE DES COLONIES *à Messieurs le Gouverneur général de l'Afrique occidentale française, le Commissaire général du Gouvernement au Congo français, les Gouverneurs de la Guinée française, de la Côte-d'Ivoire, du Dahomey et de la Côte française des Somalis.*

Paris, le 1er avril 1902.

MONSIEUR LE GOUVERNEUR,

L'application des articles 14, 19 et 30 du décret du 6 juillet 1899, relatifs au mode d'établissement des demandes de permis d'exploration, de recherche et d'exploitation, a donné lieu à des interprétations différentes suivant les Colonies, interprétations qui peuvent amener, dans l'avenir, des contestations, soit entre les concessionnaires, soit entre ces derniers et l'administration.

Il m'a donc paru nécessaire de préciser et de réglementer l'application des articles susvisés.

Considérations générales.

Les documents exigés des concessionnaires à l'appui de leurs demandes par les articles 14, 19 et 30 doivent satisfaire à quatre conditions principales :

Surface du périmètre.

1. Fournir des éléments indiscutables pour la détermination de la surface du périmètre en vue du calcul de la redevance à payer par hectare.

Report sur le terrain.

2. Permettre le report sur le terrain des limites du périmètre par des opérations topographiques aussi simples que possible.

Report sur la carte.

3. Faciliter à l'administration le report sur les cartes ou plans des

différentes demandes de permis en vue de vérifier les droits d'antériorité des demandeurs.

Contestation au sujet de la position de deux périmètres voisins.

4. En cas de contestation entre deux concessionnaires voisins, permettre à l'administration de trancher le litige au moyen d'opérations topographiques aussi simples que possible.

Il y a lieu d'examiner successivement à ces différents points de vue la rédaction des articles 14, 19 et 30 du décret du 6 juillet 1899, en indiquant de quelle façon ils doivent être appliqués et interprétés.

Permis d'exploration.

L'article 14 est ainsi libellé :

« La demande doit faire connaître avec croquis ou cartes à l'appui les limites et l'étendue de la région sollicitée ».

Il importe que le croquis contienne tous les éléments nécessaires pour que la surface du périmètre puisse se déduire des dimensions inscrites sur le croquis lui-même.

Il y aurait donc lieu de recommander, de préférence, l'emploi de surfaces géométriquement définies, telles que cercle, carré, rectangle, trapèze, triangle ou polygone décomposé en éléments triangulaires.

Les limites naturelles, cours d'eau, lignes de partage des eaux, crêtes de montagnes, bassins hydrographiques sont, en général, beaucoup trop mal connues dans les pays ouverts seulement à l'exploration pour pouvoir être acceptées, sauf dans des circonstances exceptionnelles, pour définir les limites d'un périmètre.

En vue de faciliter le report par l'administration sur une carte d'ensemble, il paraît utile, sinon indispensable, d'adopter officiellement une édition d'une carte de la colonie de préférence à l'échelle du 1/500.000 et d'imposer aux demandeurs l'obligation d'employer pour la rédaction du croquis, soit cette carte, soit un agrandissement de cette carte. Sans cette précaution, il sera impossible, en raison de la divergence considérable qui existe entre les diverses cartes de la côte occidentale d'Afrique, d'effectuer correctement le report et de vérifier les droits d'antériorité des demandeurs de deux périmètres voisins.

Si, au cours de la durée du permis d'exploration, il s'élève une contestation entre deux détenteurs de périmètres voisins, le seul procédé consiste à effectuer le report sur le terrain, des limites des périmètres, et dans ce but, il convient de repérer exactement par rapport à des points connus un des côtés du périmètre.

Le moyen le plus sûr et le plus simple d'effectuer le repérage consiste à indiquer la distance du point à repérer au point connu, ainsi que l'orientation par rapport au Nord vrai de la ligne qui joint les deux points.

Les prospecteurs font souvent emploi de la boussole et peuvent ainsi être amenés à employer le Nord magnétique au lieu du Nord vrai.

Si cette éventualité se produit, le Service des Mines devra faire compléter la demande de permis par la mention suivante :

« La déclinaison magnétique en l'année   est de   degrés Est ou Ouest.

Comme points connus, on choisira, bien entendu, des points dont la position ne peut donner lieu à aucune contestation tels que villages, confluents de deux cours d'eau, etc. En aucun cas on ne devra admettre la définition par les coordonnées géographiques, longitude et latitude, dont la détermination à l'intérieur des terres peut entraîner des erreurs de 10 à 20 minutes représentant 18 à 36 kilomètres, écart souvent supérieur à la dimension du périmètre à définir.

Si le report des limites sur le terrain permet de constater que deux périmètres empiètent l'un sur l'autre, il convient de faire porter la réduction sur celui dont la demande a été faite à une date postérieure.

Dans ce cas, l'administration devra, soit rembourser au demandeur qui a supporté la réduction le montant des droits perçus en trop ou bien lui accorder sur sa demande un nouveau périmètre dont la surface correspond à la réduction opérée.

Aux termes de l'article 15 du décret, l'approbation aux demandes de permis d'exploration dont la surface est supérieure à 50.000 hectares est réservée au Ministre, mais le titre II relatif à la délivrance de permis ne contient aucune restriction en ce qui concerne le nombre de permis à délivrer au même titulaire, ainsi que la distance minima qui doit séparer deux périmètres voisins.

En s'en tenant aux termes stricts du décret, il semblerait donc permis de délivrer au même titulaire une série de permis d'exploration contigus, ce qui rendrait illusoire la réserve de l'approbation ministérielle prévue pour les périmètres supérieurs à 50.000 hectares. En conséquence, il convient qu'il ne soit délivré plusieurs permis d'exploration au même titulaire, qu'à la condition expresse que la surface totale ne dépasse pas 50.000 hectares, mais je suis tout disposé à examiner favorablement, dans certains cas spéciaux, des propositions de votre part, tendant à accorder à un demandeur des périmètres dépassant 50.000 hectares.

Permis de recherche.

L'article 19 est ainsi libellé :

« Le permis donne le droit exclusif de faire. . . . .
. . . .
dans l'étendue d'un cercle de 5 kilomètres de rayon au plus, tracé d'un centre qui doit être rattaché à un point géographique défini d'une façon précise, tant dans la demande que dans le croquis qui doit lui être joint. Ce centre devra être et rester signalé matériellement à la surface dès que

la demande aura été présentée et après que le permis aura été accordé ».

Il paraît utile de tenir la main à l'exécution de cette dernière prescription, qui a pour effet de limiter l'octroi de permis de recherche aux seuls demandeurs ayant par eux-mêmes ou par mandataire fait acte de présence non seulement dans la colonie, mais encore sur le terrain du périmètre de recherche.

Vous aurez à examiner s'il ne conviendrait pas de préciser, suivant les localités, la forme et les dimensions du signal, qui pourrait être constitué soit par un poteau en bois, soit par une pyramide de pierre avec inscription.

Comme le signal peut être détruit ou enlevé, il est nécessaire de le rattacher d'une façon aussi précise que possible à un point connu, une case de village, un confluent de cours d'eau, etc.

Comme pour les permis d'exploration, le repérage devra être effectué par l'inscription de la distance des deux points et l'indication de l'orientation par rapport au Nord vrai de la ligne qui joint les deux points.

Les dimensions des permis de recherche pouvant être dans certains cas, très restreintes, il importe de signaler aux demandeurs l'importance d'un repérage précis.

Bien entendu, pour les motifs indiqués ci-dessus, au sujet des permis d'exploration, il ne peut être question de déterminer le point de repère par ses coordonnées géographiques.

Pour la facilité du report des demandes, il y a intérêt à adopter une carte à une échelle suffisante pour que l'on puisse y inscrire ultérieurement les périmètres des permis d'exploitation, périmètres dont une des dimensions peut s'abaisser à 250 mètres. L'échelle de 1/50,000 permettrait de représenter un côté de 250 mètres par une longueur de 5 millimètres, dimension suffisante pour être facilement lisible.

Il paraît indiqué, à défaut de l'existence d'une édition de carte au 1/50,000, d'utiliser une amplification de la carte au 1/500,000 qui a servi à reporter les périmètres d'exploration.

En cas de contestation entre deux concessionnaires de périmètres voisins, il conviendra de vérifier la distance du point en litige aux deux centres des périmètres de recherche, et, à ce sujet, il convient de signaler aux demandeurs que le seul moyen pour eux de maintenir l'intégrité de leurs droits consiste à placer et à entretenir le poteau-signal marquant le centre du périmètre.

Si la vérification des distances faisait ressortir que le point en litige se trouve compris à la fois dans les limites des deux périmètres voisins, il serait tenu compte de l'antériorité de la demande, et l'administration devra rembourser au concessionnaire évincé le montant des droits perçus en trop.

Permis d'exploitation.

ART. 30. — Le périmètre d'exploitation est obligatoirement constitué par un rectangle dont un côté doit être repéré par rapport à un point connu.

Si le permis d'exploitation est demandé à la suite d'un permis de recherche, il y a lieu de recommander aux demandeurs de choisir comme point connu le centre du permis de recherche.

En opérant de cette façon on évitera une contestation ultérieure, soit au sujet de l'inscription du périmètre d'exploitation dans le périmètre de recherche, soit au sujet de la distance minima qui doit séparer deux périmètres d'exploitation par application de l'article 32.

Les règles indiquées ci-dessus pour le repérage du centre du permis de recherche par rapport à un point connu sont applicables au repérage d'un des sommets du rectangle.

La position des quatre sommets sera ensuite déterminée par les deux dimensions du rectangle et l'orientation d'un des côtés.

Enfin, il y a lieu de rappeler aux demandeurs que s'ils ne se conforment pas à l'article 34 prescrivant l'abornage dans le délai de six mois, ils s'exposent à voir leurs droits contestés par les détenteurs de périmètres voisins

Permis de dragage.

Aux termes de l'article 2 du décret du 4 août 1901, les quatre sommets du périmètre doivent être rattachés à des points géographiques définis d'une façon précise.

D'autre part, en vue de déterminer la surface du périmètre, le demandeur doit indiquer la largeur de la bande mesurée à compter de l'axe du cours d'eau, ainsi que la longueur totale de cette bande.

Il peut arriver qu'il n'y ait pas concordance entre la position des extrémités du périmètre et la longueur portée sur la demande pour servir de base au calcul de la redevance.

Comme il ne peut y avoir aucune contestation entre les détenteurs de périmètres contigus si la détermination des extrémités est faite par rapport à des points connus, il convient de ne considérer la longueur portée sur la demande que comme une base provisoire d'évaluation de la redevance. Si on reconnaît ultérieurement que la longueur effective est plus grande ou plus petite que la longueur inscrite, il sera tenu compte du trop-perçu ou du moins-perçu sur la redevance.

Enfin, il convient de rappeler aux demandeurs qu'aux termes du décret, ils doivent faire connaître à l'administration les procédés de dragage qu'ils comptent employer.

Pour faciliter la rédaction des demandes de permis, quatre modèles ont été annexés à la présente circulaire.

Ces modèles devront être mis à la disposition des demandeurs de concession pour faciliter l'établissement de leurs demandes.

Droit de priorité.

Cas d'envoi par la poste. — Des contestations se sont produites au sujet des droits de priorité des demandes adressées par la poste ou de demandes incomplètes qui ont dû être renvoyées à leurs auteurs. Il y a lieu à ce sujet de distinguer entre les différentes sortes de permis, et les articles 13, 15, 21 et 28 du décret doivent recevoir l'interprétation donnée ci-après.

PERMIS D'EXPLORATION.

ART. 13 et 15. — En vertu des articles 13 et 15 du décret, le gouverneur est seul juge des considérations et motifs qui le conduisent à accorder, ajourner ou refuser un permis d'exploration.

Le droit conféré par la priorité de la demande n'existe donc pas et l'antériorité compte seulement de la date de délivrance du permis et non de l'inscription de la demande.

Dans ces conditions, il ne paraît pas possible d'exiger du demandeur sa présence effective sur le terrain, comme l'a prévu le décret pour le permis de recherches.

Les demandes de permis d'exploration peuvent donc être adressées par la poste par des personnes habitant la métropole, mais sans que la date d'arrivée dans la colonie puisse être invoquée par le demandeur comme lui conférant un droit de priorité.

PERMIS DE RECHERCHE ET D'EXPLOITATION.

ART. 21 et 28. — Les permis de recherche et d'exploitation, sauf opposition de tiers, *doivent être accordés* à la priorité de la demande, d'après la date et l'heure du dépôt.

Le demandeur a donc tout intérêt à effectuer, soit par lui-même, soit par mandataire, le dépôt de la demande dont il est délivré récépissé séance tenante.

Toutefois, l'administration ne peut pas refuser une demande régulière et complète qui lui parviendrait par la poste.

Mais, dans ce cas, s'il parvient à l'administration plusieurs demandes par le même courrier, les demandeurs ne peuvent élever aucune réclamation au sujet de l'ordre d'inscription.

Si une demande est reconnue incomplète et irrecevable, il ne sera pas procédé à l'affichage. Elle sera retournée au demandeur pour être modifiée et complétée. Ce dernier sera prévenu que la première inscription est considérée comme nulle et non avenue et que son droit de priorité ne comptera que du dépôt de la nouvelle demande.

Pour éviter toute contestation, il paraît utile de procéder au renvoi par lettre recommandée avec accusé de réception.

Cet accusé de réception servirait de pièce à l'appui de l'annulation de la première inscription.

Vous voudrez bien, en m'accusant réception de la présente circulaire, me faire connaître les mesures prises pour assurer son application.

Recevez, Monsieur le Gouverneur, les assurances de ma considération la plus distinguée.   *Le Ministre des Colonies,*

Signé : ALBERT DECRAIS.

Modèle de demande de permis d'exploration.

Je soussigné   , demeurant à   , faisant élection de domicile à   , muni de l'autorisation n°   , prévue par l'article 8 du décret du 6 juillet 1899, ai l'honneur de demander au gouverneur de la colonie de   , un permis d'exploration dont le périmètre est défini ci-après, conformément au croquis ci-annexé.

A partir du (centre du village de Lassené) situé (sur la rivière Irima), je détermine le sommet A du périmètre en portant une longueur de (8 kilomètres) dans la direction (N. 65° O.) (1).

Du point A je trace la base du trapèze rectangle en portant une longueur de 70 kilomètres dans la direction AB faisant avec le Nord vrai au point A un angle de N. 22° O.

Au point A, j'élève dans la direction (S. 112° O.) une perpendiculaire AD d'une longueur de (30 kilomètres).

Au point B j'élève dans la direction (S. 112° O.) une perpendiculaire BC d'une longueur de (20 kilomètres).

La surface du périmètre ABCD ainsi défini est de :

$$\frac{70.000 \times \dfrac{20.000 + 30.000}{2}}{10.000}$$

soit 175.000 hectares.

Ci-joint un récépissé de versement d'une somme de 8.750 francs, montant de la redevance calculée à raison de 0 fr. 05 par hectare.

Les limites du périmètre sont, d'autre part, définies par le croquis ci-annexé établi d'après la carte   , mais il est entendu qu'en cas de contestation, il pourra être procédé à la vérification de la position des points en litige en partant de la position (du village de Lassené) qui a servi de point de départ au repérage du périmètre.

---

(1) Les orientations indiquées ci-dessus sont rapportées au Nord vrai ou (sont rapportées au Nord magnétique faisant en [1902] un angle de [   ] avec le Nord vrai).

DEMANDE DE PERMIS D'EXPLORATION.

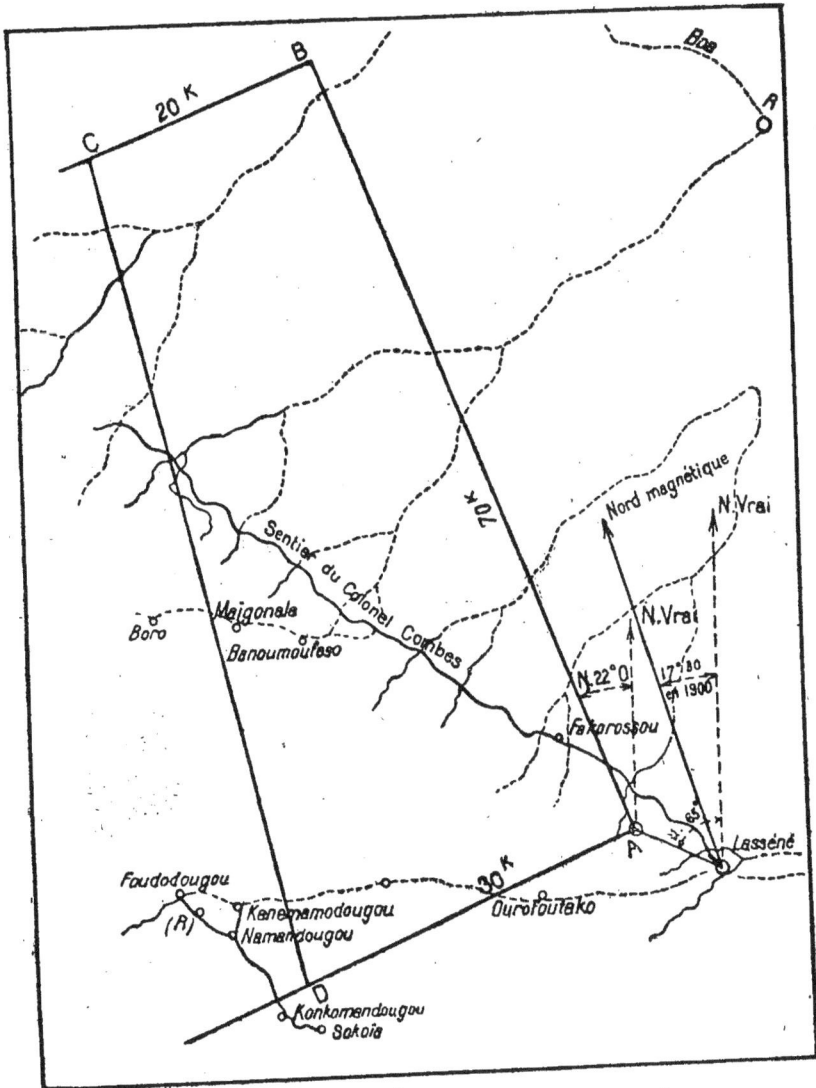

Modèle de demande de permis de recherche.

Je soussigné   , demeurant à   , faisant élection de domicile à   , muni de l'autorisation n°   , prévue par l'article 8 du décret du 6 juillet 1899, ai l'honneur de demander à Monsieur le Gouverneur de la colonie de
         , de vouloir bien me délivrer un permis de recherche d'un rayon de (2 kilom. 500) compté à partir d'un signal placé sur le terrain et consistant en (un poteau de bois) de   (diamètre), et de   (hauteur) au-dessus du sol, muni (d'une planchette indicatrice) portant les inscriptions ci-après :

Ce signal se trouve (à 1.150 mètres) du (puits situé à proximité du poste de Touba) dans une direction faisant (un angle) de (Nord vrai) 42° E. [1] (suivant croquis ci-annexé).

La surface de ce périmètre est de (1.963) hectares.

Ci-joint un récépissé constatant le versement d'une somme de 292 fr. 60 calculée à raison de :

Pour les 1.000 premiers hectares. 0ᶠ 10
Pour les 963 hectares en supplément 0 20

---

(1) Les orientations indiquées ci-dessus sont rapportées au Nord vrai, ou (sont rapportées au Nord magnétique faisant en [1902] un angle de [   ] avec le Nord vrai).

Demande de Permis de Recherche

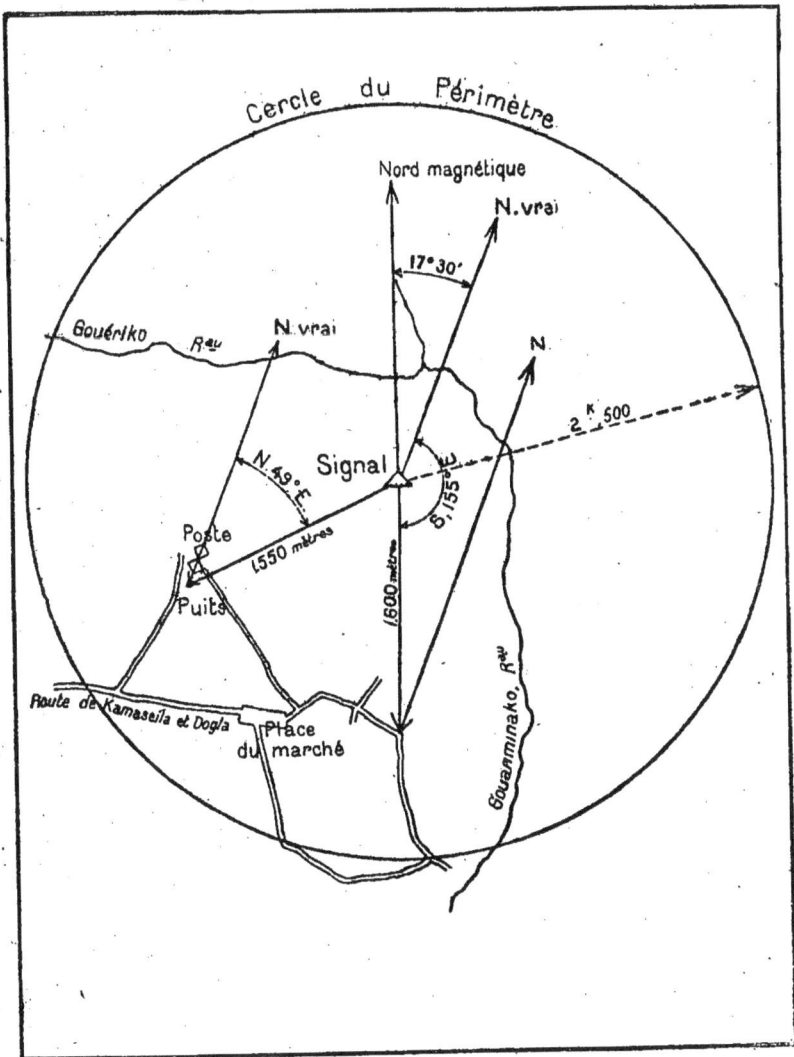

Modèle de demande de permis d'exploitation.

———

Je soussigné   , demeurant à   ,faisant élection de domicile à   , muni de l'autorisation n°   , ou (titulaire du permis de recherche n°   )   ai l'honneur de demander à Monsieur le Gouverneur de   , de vouloir bien me délivrer un permis d'exploitation dont le périmètre est figuré dans le croquis ci-annexé.

Le périmètre de ce permis d'exploitation est ainsi défini par rapport au signal du permis de recherche n°   (ou par rapport à un point connu).

A (1.600 mètres) (du signal), dans la direction S. 155° E. [1], se trouve le point A sommet du rectangle.

Le point B se trouve à 1.500 mètres du point A dans une direction faisant avec le Nord vrai un angle de (N. 32° E.).

Aux points A et B s'élèvent deux perpendiculaires BC et CD dans une direction faisant avec le Nord vrai un angle de S. 122° E., et je porte dans cette direction AB = BC = 1.000 mètres.

La surface du périmètre ainsi défini est de :

$$\frac{1.500 \times 1.000}{10.000} = 150 \text{ hectares.}$$

Ci-joint un récépissé de versement de 300 francs calculé à raison de 2 francs par hectare.

———

[1] Les orientations indiquées ci-dessus sont rapportées au Nord vrai, ou (sont rapportées au Nord magnétique faisant en [1902] un angle de   ] avec le Nord vrai).

Demande de Permis d'Exploitation

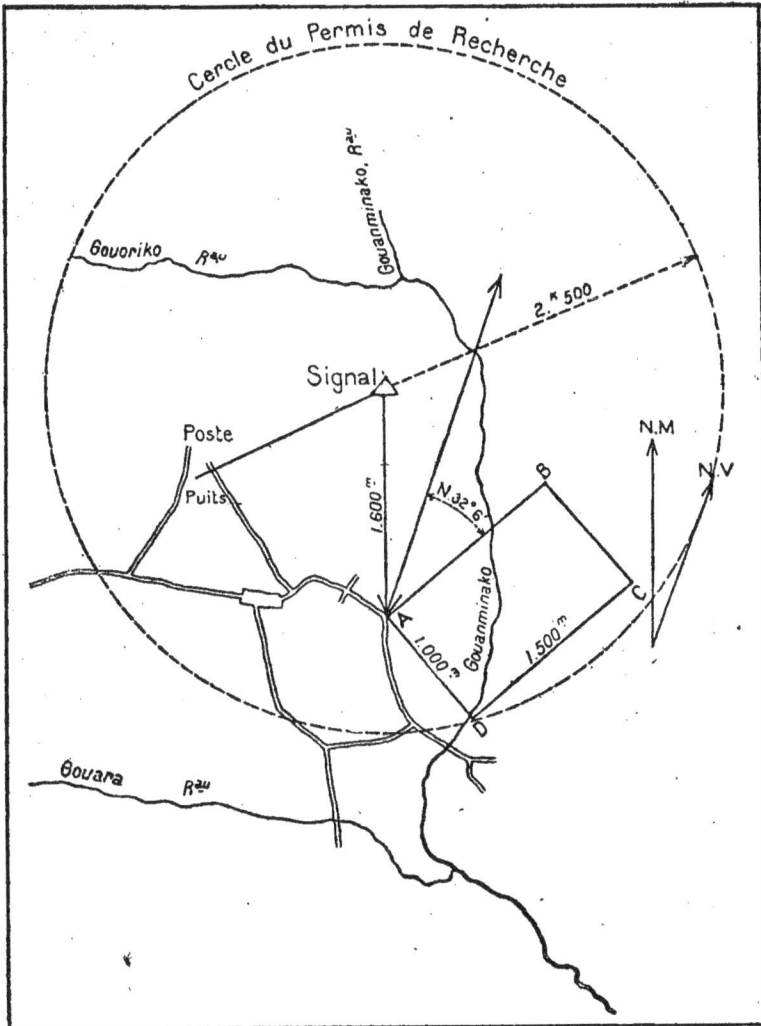

Modèle de demande de permis de dragage.

Je soussigné   , demeurant à   , faisant élection de domicile à   , muni de l'autorisation n°   , exigée par l'article 8 du décret du 26 juillet 1899, ai l'honneur de demander à Monsieur le Gouverneur de la colonie de   de vouloir bien me délivrer un permis de recherche (ou d'exploitation) par dragage sur la rivière Feredougouba.

Le périmètre de recherche par dragage est limité ainsi qu'il suit :

A 1.000 mètres, en amont (du village de Faraminéka) je trace la normale AB au cours de la rivière et pour déterminer les points A et B je porte (400 mètres) à droite et (400 mètres) à gauche de l'axe de la rivière.

Les points C et D qui limitent, d'autre part, le périmètre sont situés à (2 kilomètres) en aval de Gouanandangou et à 400 mètres à droite et à gauche de l'axe de la rivière.

La distance mesurée en suivant les sinuosités de la rivière est d'environ 60 kilomètres, mais il est entendu que cette distance ne doit servir qu'à l'évaluation provisoire du montant de la redevance.

Si la distance effective était supérieure à la distance de 60 kilomètres, je m'engage à verser à l'administration le montant du moins-perçu, de même que si cette distance est inférieure, je devrai être remboursé de la somme versée en trop.

Ci-joint un récépissé constatant le versement d'une somme de (640 francs) à titre de redevance calculée à raison de 0 fr. 10 par hectare.

Je compte procéder aux recherches par dragage de la façon suivante et au moyen du matériel désigné ci-après :

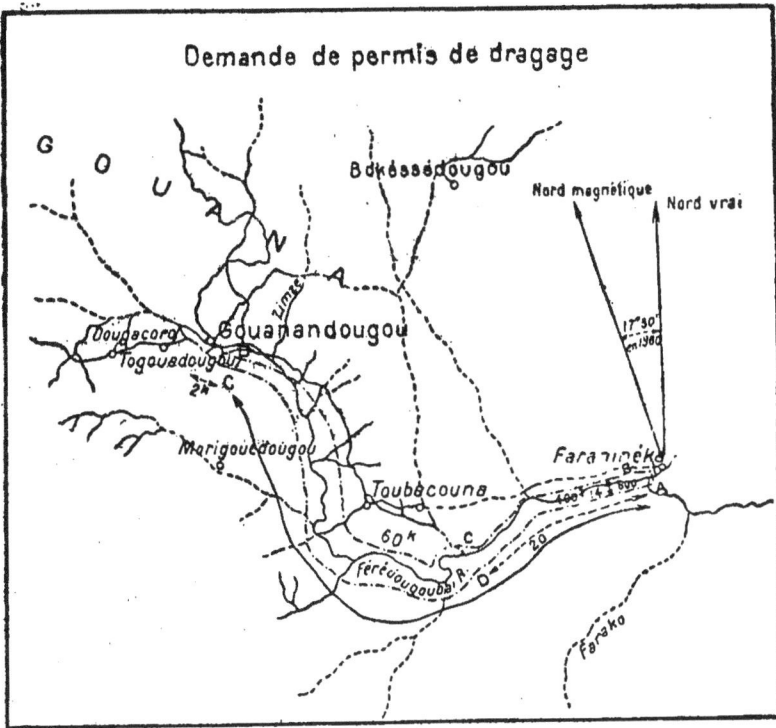

Demande de permis de dragage

V

DÉCRET DU 22 AOUT 1906ₗ

portant prorogation pour deux ans de la durée des permis miniers d'exploration et de recherches en Afrique Occidentale:

A. — RAPPORT AU PRÉSIDENT DE LA RÉPUBLIQUE FRANÇAISE.

MONSIEUR LE PRÉSIDENT,

Diverses sociétés françaises titulaires de permis d'exploration et de recherches en Afrique Occidentale française ont demandé la prorogation pour deux ans de la durée de leurs permis qui n'étaient pas périmés à la date du 1ᵉʳ juin 1905.

Tenant compte des réels efforts financiers faits par ces sociétés, des difficultés de la pénétration dans certaines régions, de l'insécurité dans d'autres, j'estime, sur avis favorable de Monsieur le Gouverneur Général de l'Afrique Occidentale française, qu'il y a lieu de faire droit à ces desiderata.

C'est pourquoi j'ai proposé et j'ai l'honneur de soumettre à votre haute sanction le projet de décret ci-joint qui, par dérogation aux dispositions du décret du 6 juillet 1899 (art. 16 et 23), autorise cette prorogation.

Je vous prie d'agréer, Monsieur le Président, l'hommage de mon profond respect.

Le Ministre des Colonies,

Signé : G. LEYGUES.

B. — DÉCRET *portant prorogation pour deux ans de la durée des permis miniers d'exploration et de recherche en Afrique Occidentale.*

(22 août 1906).

LE PRÉSIDENT DE LA RÉPUBLIQUE FRANÇAISE,

Vu l'article 18 du Sénatus-consulte du 3 mai 1854;

Vu le décret du 6 juillet 1899, portant réglementation sur la recherche et l'exploitation des mines dans les colonies et pays de protectorat de l'Afrique continentale autres que l'Algérie et la Tunisie;

Vu le décret du 19 mars 1905, portant modification du décret précité;

Sur le rapport du Ministre des Colonies,

DÉCRÈTE :

ART. 1er.

Par dérogation aux dispositions de l'article 16, § 3 du décret du 6 juillet 1899, dans les Colonies et territoires de l'Afrique Occidentale française, les permis d'exploration non périmés à la date du 1er juin 1905 pourront être renouvelés à la demande des intéressés pour une seule période de deux ans, à la charge de payer au préalable une somme égale à celle calculée comme il est fixé à l'article 14.

ART. 2.

Par dérogation aux dispositions de l'article 23 du décret du 6 juillet 1899, dans la région définie à l'article 1er ci-dessus, les permis de recherches non périmés à la date du 1er juin 1905 pourront être renouvelés une seconde fois, à la demande des intéressés, pour une troisième période de deux ans, à la charge de payer au préalable une somme égale à la taxe afférente à la seconde période de validité.

ART. 3.

Le Ministre des Colonies est chargé de l'exécution du présent décret, qui sera publié au *Journal Officiel de la République française* et inséré au *Bulletin des lois* et au *Bulletin officiel des Colonies*.

VI

DÉCRET DU 1er JUILLET 1908

prorogeant l'origine de la validité des permis miniers accordés dans le BAOULÉ (Afrique occidentale).

A. — RAPPORT AU PRÉSIDENT DE LA RÉPUBLIQUE FRANÇAISE,

Paris, le 1er juillet 1908.

MONSIEUR LE PRÉSIDENT,

La partie de la Côte d'Ivoire située au Nord du parallèle de Tiassalé et à l'Ouest du bas Bandama et du Bandama blanc n'est pas encore suffisamment pacifiée pour qu'il soit possible d'y laisser sans inconvénient opérer des prospections minières.

Sur la proposition de M. le Gouverneur général de l'Afrique occidentale française, j'ai l'honneur de soumettre à votre haute sanction un projet de décret reportant à une date qui sera fixée ultérieurement par arrêté du Gouverneur général de l'Afrique occidentale française, l'origine de la validité des permis miniers accordés dans la partie de la Côte d'Ivoire située au Nord du parallèle de Tiassalé et à l'Ouest du bas Bandama et du Bandama blanc.

Comme conséquence de cette disposition, l'exercice des droits attachés aux permis en question serait suspendu jusqu'à la date fixée par l'arrêté du Gouverneur général de l'Afrique occidentale française [1].

Je vous prie d'agréer, Monsieur le Président, l'hommage de mon profond respect.

Le Ministre des Colonies,
MILLIÈS-LACROIX.

B. — DÉCRET.

LE PRÉSIDENT DE LA RÉPUBLIQUE FRANÇAISE,

Sur le rapport du Ministre des Colonies,

Vu les décrets des 6 juillet 1899 et 4 août 1901, portant régle-

---

[1] L'arrêté fixant cette date n'a pas été pris encore (3 novembre 1909).

mentation sur la recherche et l'exploitation des mines dans les colonies et pays de protectorat de l'Afrique continentale autres que l'Algérie et la Tunisie ;

Vu le décret du 19 mars 1905, relatif à l'application dans la Colonie de la Côte d'Ivoire du décret du 6 juillet 1899 ;

DÉCRÈTE :

ARTICLE PREMIER.

L'origine de la validité des permis miniers accordés dans la partie de la colonie de la Côte d'Ivoire au Nord du parallèle de Tiassalé et à l'Ouest du bas Bandama et du Bandama blanc est reportée à une date ultérieurement fixée par arrêté du Gouverneur général de l'Afrique occidentale française.

En conséquence, est suspendu jusqu'à cette date l'exercice des droits attachés à ces permis.

ART. 2.

Le Ministre des Colonies est chargé de l'exécution du présent décret qui sera publié au *Journal officiel de la République française* et inséré au *Bulletin des lois* et au *Bulletin officiel du Ministère des Colonies.*

VII

DÉCRET DU 2 JUILLET 1908

prorogeant l'origine de la validité des permis miniers délivrés dans le Lobi *(Afrique occidentale).*

A. — Rapport au Président de la République française.

Paris, le 2 juillet 1908.

Monsieur le Président,

Les titulaires de permis miniers délivrés dans la région du Lobi n'ont pu, à raison de l'insécurité qui y a régné pendant un certain temps, se livrer à l'exploration des gisements de cette partie de la colonie du Haut-Sénégal et Niger.

Or, aux termes de l'article 16 du décret du 6 juillet 1899, les permis d'exploration sont valables pour deux ans et ne peuvent être prorogés. J'estime cependant, avec M. le Gouverneur général de l'Afrique occidentale française, qu'il serait équitable de proroger, pour une durée de deux années, et sans nouveau versement de la taxe prévue par l'article 14 du décret précité du 6 juillet 1899, la validité des anciens permis miniers délivrés dans le Lobi, leurs titulaires s'étant abstenus, sur les instances de l'administration, d'envoyer des missions de prospection dans ce pays.

J'ai dans ces conditions, et sur la proposition de M. le Gouverneur général de l'Afrique occidentale française, l'honneur de soumettre à votre haute sanction le projet de décret ci-joint, fixant au 1er octobre 1907 l'origine de la validité des permis d'exploitation délivrés dans la région du Lobi, antérieurement à cette date.

Je vous prie d'agréer, Monsieur le Président, l'hommage de mon profond respect.

Le Ministre des Colonies,

Milliès-Lacroix.

B. — DÉCRET.

LE PRÉSIDENT DE LA RÉPUBLIQUE FRANÇAISE,

Vu l'article 18 du sénatus-consulte du 3 mai 1854 ;

Vu le décret du 6 juillet 1899, portant réglementation sur la recherche et l'exploitation des mines dans les colonies et pays de protectorat de l'Afrique continentale autres que l'Algérie et la Tunisie ;

Vu les décrets des 19 mars 1905 et 22 août 1906, portant modifications au décret précité ;

Sur le rapport du Ministre des Colonies,

DÉCRÈTE :

ART. 1er. — Est fixée au 1er octobre 1907, l'origine de la validité des permis d'exploration délivrés dans la région du Lobi, antérieurement à cette date.

ART. 2. — Le Ministre des Colonies est chargé de l'exécution du présent décret, qui sera publié au *Journal officiel de la République française* et inséré au *Bulletin des lois* et au *Bulletin officiel des Colonies*.

TABLE

AUTRES PUBLICATIONS

DU

COMITÉ CENTRAL DES HOUILLÈRES DE FRANCE

PUBLICATIONS PÉRIODIQUES

1° DU

COMITÉ CENTRAL DES HOUILLÈRES DE FRANCE

ET DE LA

CHAMBRE SYNDICALE FRANÇAISE DES MINES MÉTALLIQUES

Circulaires de jurisprudence.

Abonnement annuel... 10 »

Ces circulaires paraissent depuis 1899.

Circulaires techniques.

Abonnement annuel... 10 »

Ces circulaires paraissent depuis 1903.

2° DU COMITÉ CENTRAL DES HOUILLÈRES DE FRANCE

Circulaires.

Prix de l'abonnement annuel pour la France................... 40 »

— *l'étranger*........................... 60 »

Annuaire.

L'annuaire paraît chaque année vers le mois de juin. Chaque année forme un fort volume in-8° de plus de 600 pages, avec nombreuses cartes. Prix.. 10 »

3° DE LA CHAMBRE SYNDICALE FRANÇAISE DES MINES MÉTALLIQUES

Circulaires.

Prix de l'abonnement annuel pour la France................... 24 »

— *l'étranger*........................... 30 »

BAR-LE-DUC. — IMPRIMERIE CONTANT-LAGUERRE.

www.ingramcontent.com/pod-product-compliance
Lightning Source LLC
Chambersburg PA
CBHW071333200326
41520CB00013B/2956